Karl Abel

Über den Gegensinn der Urworte

Karl Abel

Über den Gegensinn der Urworte

ISBN/EAN: 9783743337367

Hergestellt in Europa, USA, Kanada, Australien, Japan

Cover: Foto ©Thomas Meinert / pixelio.de

Manufactured and distributed by brebook publishing software
(www.brebook.com)

Karl Abel

Über den Gegensinn der Urworte

ÜBER DEN

GEGENSINN DER URWORTE

VON

CARL ABEL, DR. PH.

LEIPZIG 1884
VERLAG VON WILHELM FRIEDRICH
KÖNIGL. HOFBUCHHANDLUNG.

Vorwort.

Was ich in meinen Oxforder „Lectures“ über den Gegensinn, zumal im Slavischen, zu sagen Gelegenheit hatte, ist vielfach Gegenstand der Beachtung geworden. Die vorliegende Abhandlung sucht meinen Dank durch eine umfassendere Darstellung abzustatten. Bei der Bedeutung, welche die Frage für die Etymologie haben könnte, sei sie den Lexicographen besonders empfohlen.

Berlin, September 1883.

Ueber den Gegensinn der Urworte.

Wäre Jemand thöricht genug einer jungen Schönheit zu sagen, dass er sie für ausserordentlich hässlich hielte, so würde ihm ein sarkastisches Lächeln und ein Zweifel an seinem gesunden Gesichtssinn die verdiente Antwort geben. Oder wollte Jemand den Amerikanern weisszumachen suchen, dass er sie für langsam, schläfrig und ununternehmend ansähe, so würde er bei ihnen mehr Heiterkeit, als Widerspruch erregen. Zu verneinen, was jeder sieht; zu leugnen, was alle gemeinsam erkennen, gilt mit Recht als ein Zeichen physischer oder geistiger Blindheit. Die jugendliche Schönheit würde den Menschen gerade so schön, und Onkel Sam gerade so muthig und erfolgreich erscheinen, wie vorher, ehe der ohnmächtige Einspruch geschah. Thatsachen sind eben Thatsachen, und können durch blosse Einreden nicht geändert werden.

Die Sache scheint so selbstverständlich, dass man den Gedanken, die Menschen hätten sie jemals anders betrachtet, nicht zu fassen vermag. Es scheint unglaublich, dass es einmal eine Zeit gegeben habe, in welcher ein Mann, im freundlichen Gespräch mit seinem Nachbar, jene blühende junge Dame hässlich, und einen berühmten Recken seiner Gegend einen schwächlichen Feigling genannt haben könne. Es ist ebenso schwer zu verstehen, dass der Nachbar, dem diese ausserordentlichen Meinungen mitgetheilt wurden, sie nicht verlacht, sondern gebilligt und als völlig erwiesen angesehen haben soll. Und es ist sicherlich das Unbegreiflichste von allem, dass während die Beiden hässlich nannten, was schön war, und schwach, was stark war, sie eigentlich gar nicht einmal meinten, das Schöne sei hässlich, und das Starke schwach, sondern vielmehr eine ganz richtige Ansicht von den Dingen hegten, und nur im Ausdruck, in der Bezeichnung so sonderbar fehl gingen. Die Sache sieht zu absurd aus, um möglich zu sein. Und dennoch haben wir den vollen geschichtlichen Beweis in Händen, dass es eine Periode gegeben hat, in welcher so wirre Gespräche geführt, und zwar mit allseitiger Zustimmung geführt worden sind. Ich spreche von der Periode, in welcher der Mensch seine Begriffe zu bilden begann, von den längst vergangenen Tagen, in welchen unser Geschlecht mit der Schwierigkeit, seine Gedanken zu fassen und auszudrücken rang. Ich spreche von der Urzeit des Menschengeschlechts, und der allmähligen Schöpfung der Sprache.

Die ältesten erhaltenen Proben menschlicher Rede sind uns in den ägyptischen Hieroglyphen überliefert. Bis zu 3000 Jahren vor Christus zurückgehend, da die ersten historischen Dynasticen das Nilthal beherrschten, geben die Hieroglyphen in Wahrheit eine noch viel ältere Sprache, als diejenige, die zur Zeit der frühesten Inschriften gesprochen wurde. Der Beweis für das höhere Alter ist leicht geführt. Einerseits zeigen die ältesten Inschriften ein völlig ausgebildetes System der Lexicographie und Schrift, das zu entwickeln die Arbeit vieler Geschlechter gekostet haben muss. Andererseits sehen wir dieses System die Tausende von historischen Jahren, die wir es nachmals beobachten können, in allen wesentlichen Punkten unverändert erhalten, und als einen heiligen Schatz von einer priesterlichen Generation der anderen überliefert. So sehr die Sprache sich in diesen langen Zeiträumen vermehrte, verklärte und verfestigte, die Hieroglyphik blieb wesentlich bei ihrem alten Wortvorrath und ihrer alten Grammatik stehen. Wie sie sich vorhistorisch gebildet, so erhielt sie sich in ihren hauptsächlichen Zügen bis in die spätesten Zeiten, um zuletzt, bei Annahme des Christenthums, allmählig unterzugehen und die mittlerweile stark veränderte Volkssprache zur Schriftsprache werden zu lassen.

In der ägyptischen Sprache nun, dieser einzigen Reliquie einer primitiven Welt, findet sich eine ziemliche Anzahl von Worten mit zwei Bedeutungen, deren eine das gerade Gegentheil der anderen besagt. Man denke sich, wenn man solch augenscheinlichen Unsinn zu denken vermag, dass das Wort „stark" in der deutschen Sprache sowohl „stark" als „schwach" bedeute; dass das Nomen „Licht" in Berlin gebraucht werde, um sowohl „Licht" als „Dunkelheit" zu bezeichnen; dass ein Münchener Bürger das Bier „Bier" nännte, während ein anderer dasselbe Wort anwendete, wenn er vom Wasser spräche, und man hat die erstaunliche Praxis, welcher sich die alten Aegypter in ihrer Sprache gewohnheitsmässig hinzugeben pflegten. Wem kann man es verargen, wenn er dazu ungläubig den Kopf schüttelt? Wen kann man ungläubig schelten, wenn er hinter dieser Behauptung eine philologische Paradoxe vermuthet? Indessen es giebt bekanntlich mehr Dinge zwischen Himmel und Erde, als man sich träumen lässt, und so wird auch die folgende Liste zunächst um geneigtes Gehör bitten dürfen. Sie enthält einige wenige Beispiele von solchen sich selbst widersprechenden Worten, wie sie so häufig in den Inschriften der ägyptischen Tempelgebäude gelesen, und wie sie hier, wahllos entnommen, Belegs halber mitgetheilt werden. Wollten die Aegypter „decken, bedecken, einwickeln" sagen, so sprachen sie unχ (); wollten sie aber „aufdecken, bloslegen" sagen, so gebrauchten sie denselben Laut (vielleicht mit einer leichten, schwer nachweisbaren phonetischen Modification) unḥ ( ⲟⲩⲛϩ). Ebenso gebrauchten sie das Wort at (vielleicht in ähnlicher Weise modificirt) für die entgegengesetzten Bedeutungen „hören" und „taub sein" (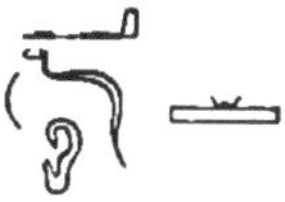 ȧt hören; 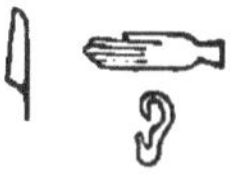 ȧṭ, taub); zu der Bedeutung „hören" trat obenein noch die der „gesprochenen Worte", also eine weitere Umkehrung, hinzu. Aehnlich wurde sneh „trennen" ( sneh) von  sneḥ „binden" kaum erkenntlich gesondert. Absolut derselbe Laut bezeichnete aber „stark“ und „schwach“: ken ( ken, stark;  ken, schwach). Ein völlig gleicher Laut diente ebenso dazu „oben“ und „unten“ auszudrücken: ari ( ārī, aufsteigen;  ārı, Boden). Ein und dasselbe Wort ān ( ān) besagte „wegbringen“, „wegnehmen“ oder „hinbringen“, „geleiten“, ohne jede lautliche Unterscheidung beider Bedeutungen. Eine andere merkwürdige Vocabel dieser Art tem hiess sowohl „einschliessen“ () als „ausschliessen“ (), ohne dass die wichtige Differenz dieser Bedeutungen in der Aussprache irgendwie markirt wurde. Ja, dieselbe geistige Eigenschaft, welche diese widersprüchlichen Vocabeln schuf, und welche wir auf der gegenwärtigen Stufe unserer Kenntniss nur als eine heillose Confusion bezeichnen können, erreicht eine solche Höhe, dass der Laut ḥr () ununterschieden angewendet wurde, um sowohl „zu“ als „von“ auszudrücken. Ein anderes ḥr hatte die nicht minder irreführende Eigenthümlichkeit einmal „mit“ ( ḥr) und ein anderesmal „ohne“ () zu bedeuten, und es dem Hörer zu überlassen, das Richtige in jedem einzelnen Falle herauszufinden. In späteren Zeiten wurde der Laut u als unbestimmter Artikel „ein“ dem Hauptwort vorgesetzt; nachgesetzt bildete derselbe Laut den Plural; ein Beispiel, welches indess durch die Verschiedenheit der Stellung sowie aus anderen Gründen nicht genau in die Kategorie der vorhergehenden fällt. Angesichts dieser und vieler ähnlicher Fälle antithetischer Bedeutung (siehe Anhang) kann es keinem Zweifel unterliegen, dass es in e i n e r Sprache wenigstens eine Fülle von Worten gegeben hat, welche ein Ding, und das Gegentheil dieses Dinges gleichzeitig bezeichneten. Wie erstaunlich es sei, wir stehen vor der Thatsache, und haben damit zu rechnen.

Oder ist es vielleicht nur zufälliger Gleichlaut? Könnten nicht in einer Sprache, in der es so viele andere Homonymen giebt, deren Bedeutungen nichts miteinander zu schaffen haben, zwei Worte von völlig entgegengesetztem Sinne sich zufällig in demselben Laut begegnet haben? Die Möglichkeit ist nicht zu leugnen; die Wahrscheinlichkeit indess von vornherein eine geringe. Man stelle sich vor, ein und dasselbe Wort habe, wie es thatsächlich bis in die spätesten Zeiten der ägyptischen Sprache mit hōn (ϩⲱⲛ) der Fall war, von Ungefähr „gehorchen“ und „befehlen“ bedeutet. Oder vielmehr, was bei der angenommenen Hypothese die richtigere Auffassung sein würde, für die genannten beiden Begriffe wäre von ungefähr, und ohne irgend eine absichtliche Uebereinstimmung, der gleiche Laut hōn gewählt worden. Man denke sich desgleichen, derselbe sonderbare Zufall hätte für die entgegengesetzten Präpositionen „mit“ und „ohne“ ein und denselben Laut ḥer, und ebenso für die nicht minder verschiedenen „von“ und „zu“ ein und dieselbe Silbe ḥer bestimmt. Würde man in einem solchen Fall die Homonymie entgegengesetzter Begriffe nicht als eine unerträgliche Verwirrung empfunden haben? Würde man, wenn die entgegengesetzten Bedeutungen desselben Lautes nichts mit einander zu thun hatten, nicht für die eine von beiden irgend einen anderen Laut gewählt haben, um den Verwechslungen und Missverständnissen zu entgehen, welche die zufällige Homonymie solcher Gegenfüssler im Gefolge haben musste? Würde dieses bereite Mittel nicht zumal in einer Sprache ergriffen worden sein, welche in ihrer ältesten erkennbaren Periode für fast jeden Begriff eine grosse Anzahl von Worten besass, und somit leicht diejenigen Vocabeln, die aus irgend einem Grunde unbequem wurden, fallen lassen und durch andere ersetzen konnte? Es ist klar, für die Bejahung dieser Fragen spricht die vernünftige Wahrscheinlichkeit lebhaft genug, um uns die Annahme eines absichtlichen intellectuellen Zusammenhanges widersinniger Gleichlauter nahezulegen, und die Fortsetzung der Untersuchung in dieser Richtung aufzunöthigen.

Damit wären wir also zum scheinbaren Unsinn, zu einer contradictio, die nicht blos in adjecto, sondern in nomine stattgefunden haben müsste, zurückgekehrt. Nun war aber Aegypten nichts weniger, als eine Heimath des Unsinns. Es war im Gegentheil eine der frühesten Entwickelungsstätten der menschlichen Vernunft. Es erfreute sich einer hohen Gesittung zu einer Zeit, in welcher der Rest des Erdballs meist noch barbarisch war. Es hatte bedeutende mechanische und chemische Kenntnisse, als es rings herum noch wenig andere Künste gab, als die des Tödtens. Es kannte eine reine und würdevolle Moral und hatte einen grossen Theil der Zehn Gebote formulirt, als diejenigen Völker, welchen die heutige Civilisation gehört, blutdürstigen Idolen Menschenopfer zu schlachten pflegten. Ein Volk, welches die Fackel der Gerechtigkeit und Cultur in so dunkelen Zeiten entzündete, kann doch in seinem alltäglichen Reden und Denken nicht geradezu stupid gewesen sein. Da es Tugend und Wissenschaft so früh erwarb, kann es doch in den einfachsten Verstandesoperationen nicht unfähig bis zur Albernheit gewesen und geblieben sein. Wer Glas machen und ungeheuere Blöcke maschinenmässig zu heben und bewegen vermochte, muss doch mindestens Vernunft genug gehabt haben, um ein Ding nicht für sich selbst und gleichzeitig für sein Gegentheil anzusehen. Wie vereinen wir es nun damit, dass die Aegypter sich eine so sonderbare contradictorische Sprache gestatteten? Dass sie, wenn sie „zu“ sagen wollten, ein Wort gebrauchten, welches auch „von“ bedeuten konnte? Dass sie „ausschliessen“ sagten, wenn sie „einschliessen“ meinten, weil sie unverständlicherweise beide Begriffe in demselben Laute untergebracht hatten? Dass sie überhaupt den feindlichsten Gedanken ein und denselben lautlichen Träger zu geben, und das, was sich gegenseitig am stärksten opponirte, in einer Art unlöslicher Union zu verbinden pflegten? Wie gesagt, wir haben diesen Thatsachen ins Gesicht zu sehen, wenn wir die Frage zu lösen unternehmen.

Den ersten Faden, der uns aus dem Labyrinth in das Licht der menschlichen Vernunft zurückzuführen verspricht, liefert die ägyptische Sprache in einer Steigerung ihres unbegreiflichen Verfahrens. Von allen Excentricitäten des ägyptischen Lexicons ist es vielleicht die ausserordentlichste, dass es, ausser den Worten, die entgegengesetzte Bedeutungen in sich vereinen, andere, zusammengesetzte Worte besitzt, in denen zwei Vocabeln von entgegengesetzter Bedeutung zu einem Compositum vereint werden, welches die Bedeutung nur eines von seinen beiden constituirenden Gliedern besitzt. Es gibt also in dieser ausserordentlichen Sprache nicht allein Worte, die sowohl „stark" als „schwach", oder sowohl „befehlen" als „gehorchen" besagen; es gibt auch Composita wie „altjung", „fernnah", „bindentrennen", ausseninnen", (ϧⲉⲗϣⲏⲣⲓ, ⲟⲩⲉⲥ-ⲑⲱⲛ, ⲗⲁⲧϭⲉⲥ, ⲉⲃⲟⲗϧⲉⲛ etc. s. Anhang) die trotz ihrer, das Verschiedenste einschliessenden Zusammensetzung das erste nur „jung", das zweite nur „nah", das dritte nur „verbinden", das vierte nur „innen" bedeuteten. Während die einfachen Worte mit entgegengesetzten Bedeutungen noch die Erklärung einer zufälligen Homonymie zuliessen, hat man also bei diesen zusammengesetzten Worten begriffliche Widersprüche geradezu absichtlich vereint, nicht um einen dritten Begriff zu schaffen, wie im Chinesischen mitunter geschieht, sondern nur um durch das Compositum die Bedeutung eines seiner beiden contradictorischen Glieder, das allein dasselbe bedeutet haben würde, auszudrücken. Die Sache scheint damit immer dunkler zu werden. Eine Aeusserung zu machen, sie sofort zu widerrufen, und dann zu erwarten, dass der Hörer sie dennoch als gemacht ansehe, geht sichtlich über die Grenzen hinaus, die sich der gesunde Menschenverstand im 19. Jahrhundert, und in allen einigermassen bekannten Jahrhunderten, gesetzt.

Und dennoch ist das Räthsel leichter gelöst, als es scheinen will. Da wir nach den letztgenannten Beispielen an der Thatsache einer gewollten, überlegten und für vernünftig gehaltenen Antithese begrifflicher Gegensätze zum Ausdruck eines der beiden contrastirten Begriffe nicht mehr zweifeln dürfen, so erinnern wir uns allgemach, dass unsere Begriffe durch Vergleichung entstehen. Wäre es immer hell, so würden wir zwischen hell und dunkel nicht unterscheiden, und demgemäss weder den Begriff, noch das Wort der Helligkeit haben können. Wären alle Dinge um uns her von demselben Umfang, so würden die Begriffe „gross“ und „klein“ sich niemals dem menschlichen Auge oder Verstande dargeboten haben. Wäre die Temperatur der Atmosphäre und unseres Blutes immer gleich, und immer dieselbe, so würden „kalt“ und „warm“ Empfindungen und Vocabeln sein, welche der Mensch niemals kennen gelernt hätte. Wäre Jeder und Jedes vollkommen, so würden „gut“ und „schlecht“ keine Existenz, und mithin auch keine Nomenclatur in unserer Mitte besitzen. Es gäbe keine Tugend, weil es kein Laster gäbe; es gäbe keine Rechtschaffenheit, weil die Sünde unmöglich wäre. Man würde den Gedanken der Barmherzigkeit nicht fassen können, weil man die Freiheit nicht hätte, grausam zu sein. Man würde überhaupt kein Unrecht thun können, weil man keine Wahl hätte, anders als recht zu handeln. Es ist offenbar, alles auf diesem Planeten ist relativ, und hat unabhängige Existenz nur insofern es in seinen Beziehungen zu und von anderen Dingen unterschieden wird. Da bei dieser relativen Anordnung des Universums die Eigenthümlichkeit eines jeden Dinges durch seine Beziehung zu anderen, andersgearteten Dingen erkannt wird, so konnte nichts unvermeidlicher sein, als dass jedes Ding im Hinblick auf diejenigen anderen Dinge aufgefasst wurde, ohne deren verschiedene Eigenschaften es überhaupt nicht bemerkt worden wäre. Wenn Kälte überhaupt nicht existirt, ausser insofern wir sie von Wärme unterscheiden, wie konnte sie anders vorgestellt werden, als indem man sich auf die Wärme bezog? Wenn die Grösse ein Begriff ist, der uns erst durch den Contrast mit kleinen Dingen entsteht, wie vermochte sie anders erfasst zu werden, als eben durch diesen Contrast? Wenn die Erscheinung der Krummheit nur durch die Existenz der Gradheit entdeckt wird, was anders konnte der ringende Gedanke thun, als die enge Verbindung, die die beiden in der Natur der Dinge zeigen, nachahmen, und das eine als ein Corelativum des anderen auffassen? Da jeder Begriff somit der Zwilling seines Gegensatzes ist, wie konnte er zuerst gedacht, wie konnte er anderen, die ihn zu denken versuchten, mitgetheilt werden, wenn nicht durch die Messung an seinem Gegensatz?

Wie sie diese Erwägungen veranlasst, so wird die ägyptische Inversion durch dieselben auch aufgeklärt. Die Worte mit entgegengesetzten Bedeutungen erläutern das Werden von Begriff und Sprache in primitiver Zeit. Da die Gegenwart zweier entgegengesetzter Ideen im Geiste ursprünglich nothwendig war, um die eine fassen zu lernen, so kamen beide gleichmässig zur Geltung in gewissen Worten des ältesten erhaltenen Idioms, deren Natur und Umfang wir weiterhin genauer erörtern werden. Da man den Begriff der Stärke nicht concipiren konnte, ausser im Gegensatz zur Schwäche, so enthielt das Wort, welches „stark“ besagte, eine gleichzeitige Erinnerung an „schwach“, als durch welche es erst zum Dasein gelangte. Dieses Wort bezeichnete in Wahrheit weder „stark“ noch „schwach“, sondern nur das Verhältniss zwischen Beiden, und den Unterschied Beider, welcher Beide gleichmässig erschuf. Wenn, wie wir gesehen, in späteren Zeiten, als die Begriffe schon lange geschaffen, gesondert und in selbstständigen Worten untergebracht waren, zwei solcher selbstständiger, eindeutiger Worte antithetisch verbunden wurden, um den Begriff eines von ihnen klarzumachen, so ist im Lichte der contrastirenden Logik und angesichts der zahlreich vorhandenen, syntaktisch einfachen, aber begrifflich zweideutigen Worte der Rückschluss auf die bewusste Gegensätzlichkeit der Urbedeutung dieser Worte ebenso nothwendig, als erwiesen. Der Mensch hat eben seine ältesten und einfachsten Begriffe nicht anders erringen können, als im Gegensatz zu ihrem Gegensatz, und erst allmählich die beiden Seiten der Antithese sondern und die eine ohne bewusste Messung an der anderen denken gelernt. Die halbbewusste Messung ist noch heute vorhanden: wir nennen „stark" ja nur, was stärker ist als ähnliches, und „gross" nur was grösser ist, als das damit in Gedanken Verglichene. Wir nennen Messer nur, was schneidet, weil es eben nicht stumpf ist; allerdings ohne uns zu erinnern, dass das betreffende Wort ursprünglich „das Schneidende" bedeutete, weil wir die Wurzel, von der es abgeleitet ist, heute nur noch für „Schlachten" gebrauchen. Wir nennen die Sonne „die Leuchte", weil sie leuchtender ist als alles andere; obschon wir freilich lange vergessen haben, dass das Wort diese allgemeinere Bedeutung besass, ehe es die specielle der Sonne annahm, und, weil man die grösste Leuchte besonders bezeichnen wollte, durch diese stolze Verwendung zur Bezeichnung aller anderen Leuchten untauglich wurde.

Ehe wir weiter gehen, thun wir besser, einen Einwurf zu erledigen, der sich sofort darbietet, und der, wenn er gegründet wäre, jede andere Erörterung überflüssig machen müsste. Gut, wird man sagen, da in den ältesten erhaltenen Sprachproben so viele Worte mit entgegengesetzten Bedeutungen vorhanden sind, und obenein rationell erklärt werden können, so muss man wohl zu der Conclusion gelangen, dass der menschliche Geist in seiner Kindheit in dieser unerwarteten, und für unseren heutigen Vernunftstolz unschmeichelhaften Weise denken gelernt habe. Aber wie sehr er die Antithese auch zu seinen eigenen ersten Denkoperationen bedürfen mochte, der Mensch, indem er sprach, hatte nicht nur das Bedürfniss, einen Gedanken zu fassen, sondern auch den darüber hinausgehenden Wunsch, denselben seinen Mitmenschen mitzutheilen. Sowohl sich selbst, als seinen Mitmenschen nun, muss er in jedem einzelnen Falle eine Seite der bewussten unvermeidlichen Antithese vorzugsweise zu accentuiren gewünscht haben. Wenn er in seinen eigenen Gedanken auch genau genug wusste, welche Seite des Zwitterbegriffes er jedesmal meinte, wie hat er dies dem Nebenmenschen zu erkennen gegeben? Wenn der Urägypter ken aussprach, welches sowohl „stark“ wie „schwach“ bedeuten konnte, wie hat er seine ebenso zweideutigen Genossen wissen lassen, für welche Auffassung er sich in dem betreffenden Falle entschied? Er konnte doch nicht Beides zugleich meinen. Es muss einmal dies, und das andere mal jenes gewesen sein.

was er mit dem unklaren Laut bezeichnete, und da der Laut in beiden Fällen der gleiche war, so muss er doch über ein Mittel gefügt haben, den Unterschied kenntlich zu machen. Mit welchen Nöthen seine Logik auch einen Gedanken hergestellt haben möge, man muss dem stammelnden Halbwilden die Gerechtigkeit widerfahren lassen anzunehmen, dass nachdem er einmal wusste, was er wollte, dieses und nicht etwa das baare Gegentheil auszusprechen, oder auch nur ein unklares Halbdunkel zuzulassen von ihm beabsichtigt worden sein kann.

Die Beantwortung der aufgeworfenen Frage ist wiederum eine einfachere, als man glauben möchte. Wie die Hieroglyphen unverkennbar zeigen, und die Beobachtung ganzer Völker- und Menschenklassen noch heute lehrt, ist die Geste stets ein wesentliches Hülfsmittel in der Unterhaltung einfacher, aber lebhafter Leute gewesen. Wenn das ägyptische Wort ken „stark“ bedeuten soll, steht hinter seinem alphabetisch geschriebenen Laut das Bild eines aufrechten, bewaffneten Mannes 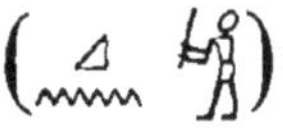: wenn dasselbe Wort „schwach“ auszudrücken hat, folgt den Buchstaben, die den Laut darstellen, das Bild eines hockenden lässigen Menschen.  In ähnlicher

Weise werden die meisten anderen zweideutigen Worte von erklärenden Bildern begleitet. Tem „einschliessen“ hat die Schlinge, das hieroglyphische Zeichen des Bindens, () hinter sich; tem „ausschliessen“ den Unglücksvogel (), das allgemeine Zeichen des Übels. Dem Worte ări „aufsteigen“ folgt die determinirende Vignette der Treppe (); demselben Worte, wenn es „unten“ bezeichnen soll, die Darstellung einer fallenden Mauer (). Hinter unχ, dem der Begriff des „Bedeckens“ innewohnt, erscheint eine Binde, welche Gerolltes und Verschlungenes anzuzeigen pflegt (); „unḥ“ „aufdecken“, wird dagegen von dem Thürflügel, dem Zeichen des Öffnens, erläutert (). Wenn diese, den Worten beigegebenen Illustrationen den Sinn des Geschriebenen unzweifelhaft bestimmen, so ist es klar, dass die entsprechende Geste in der mündlichen Rede dasselbe thun konnte. Die Unterhaltung primitiver Menschen bezieht sich ja zumeist auf sinnliche Gegenstände, die leicht äusserlich anzugeben sind. Kef „nehmen“ ist von Kef „weglegen“

durch entsprechende Handbewegungen rasch geschieden. Tūa „anbeten“, (), wird von tūa „verfluchen“ (Demot.) das eine durch Bücken, das andere durch Wegstossen, unschwer gesondert worden sein. Wenn χen „stillstehen“ (, und wenn es „hingehen“ () besagte, vermochten die menschlichen Beine ebenso untrüglich als schnell zu erklären. Und so dürfen wir uns auch darauf verlassen, dass der junge Mann, der seinen Schatz „schön“ nennen wollte, indem er das bedenkliche Wort sa () aussprach, welches die bösartige Nebenbedeutung von „gewöhnlich“ () einschliesst, sich mit einer nicht misszuverstehenden Geberde über den Inhalt seiner Gesinnungen und Synonymik commentirend geäussert haben wird. Das Eintreten der Geste kann übrigens nicht nur bei den sinnverkehrten Worten erforderlich gewesen sein: es war eben so unumgänglich bei der Unzahl von anderen ägyptischen Homonymen, deren Bedeutung keinen erkennbaren Zusammenhang hat. Wo (wie in meinem „Ursprung der Sprache“ S. 4—12 gezeigt ist) ein und dasselbe Wort „tanzen, Herz, Kalb, Wasser, fortgehen, verlangen, linke Hand und Figur“ bezeichnen konnte; wo ein anderes Wort „Brod, Kornmaass, Krug, Stock, Schiffstheil und Hippopotamus“ auszudrücken vermochte; und wo die gleiche Vieldeutigkeit sich in vielen anderen Worten wiederholte, muss die Geberde überhaupt eine stete und unerlässliche Begleitung des Sprechens gebildet haben. Uebrigens wird in den wenigen und sinnlichen Situationen der Urwelt der Sinn der meisten Worte ebenso sehr durch die leicht erkennbare Natur der jedesmal vorliegenden Umstände wie durch das demonstrative Verhalten der Sprechenden verständlich gewesen sein. Können doch manche gedankenarme Orientalen und Halb-Orientalen noch heute fast so viel mit den Händen wie mit dem Munde reden.

Wir erlangen hiermit die angenehme Gewissheit, dass der alte Agypter durch die geistige Mühsal, der er sich bei der Bildung seiner Gedanken zu unterziehen hatte, weder um die eigene Klarheit, noch um die Verständlichkeit anderen gegenüber gebracht worden ist. Man wusste also auch in jenen frühen Zeiten ganz gut, was man wollte, und suchte es rationell genug mitzutheilen. Wenn die Ausdrucksweise zuerst etwas mühsam und umständlich war, so müssen wir dies der Kindheit des

Menschengeschlechts und den ihr innewohnenden Schwächen schon zu gute halten. Sind doch die Gespräche welche wir eben skizzirten, vor mehr als 5000 Jahren gehalten worden. So dürfen wir nicht erwarten, dass sie sich ganz so fliessend abgespielt haben werden, als was wir uns in unseren eigenen redseligen Zeiten mitzutheilen wissen, in denen Sprechen ein geschätzter Luxus geworden ist.

Ist das Auftauchen der Bedeutungsantithese und ihre Verständlichkeit trotz scheinbarer Unverständlichkeit somit erhärtet, so haben wir uns nunmehr mit ihrem Verschwinden, und dem Eintritt des gegenwärtigen, eindeutigen Zustandes der Wörter zu befassen. Das eine ist so natürlich wie das andere geschehen; das eine ist in der Sprache so deutlich wie das andere zu verfolgen. Lassen wir zunächst wieder die Facten für sich selber sprechen. Während in der alten Sprache ken sowohl „stark“ als „schwach“ bedeutet, traten in der jüngeren Periode zwei verschiedene phonetische Modificationen für diese verschiedenen Bedeutungen des einen Lautes ein: im Koptischen heisst ϭⲛⲉ (tschne) „stark“ und ϭⲛⲁⲩ (tschnau) „schwach.“ Schon im Hieroglyphischen selbst spaltet sich ken „starkschwach“ in ken

„stark“ (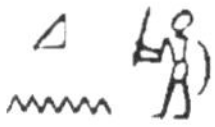) und ḳan „schwach“ (). In derselben Weise wird das hieroglyphische tem ), welches „einausschliessen“ bedeutet, im Koptischen als „einschliessen“ durch stam (ϣⲧⲁⲙ), als „ausschliessen“ durch das Compositum štamro (ϣⲧⲁⲙⲣⲱ) „excludere foras“ vertreten. Ebenso wurde das hieroglyphische snh  „bindentrennen“ in der späteren Rede durch senh (ⲥⲉⲛϩ) für „binden“ und durch blosses neh (ⲛⲉϩ) (nach Abwerfung des den Thäter anzeigenden s) für „trennen“ ersetzt. Desgleichen wird für hieroglyphisches tūa „anbetenverfluchen“ anstatt der ersten Bedeutung nachmals taio (ⲧⲁⲓⲟ), anstatt der zweiten djeua (ϫⲉⲟⲩⲁ) gesagt.

Im Lichte dieser und vieler ähnlicher Beispiele werden wir Sinn und Laut differenzirende Varianten desselben Urwortes, wie die folgenden, leicht verstehen:  seb „schneiden“, „abhauen“, „abtrennen“ und ⲥⲏϥⲓ (sefi) „das Schwerdt“;  ḥir „oberst“, und  χer „unterst“; 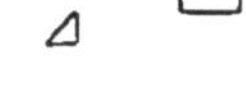 fek „voll“ und

 fe(r)ka „leer“; mu (ⲙⲟⲩ) „Wasser“ und mue (ⲙⲟⲩⲉ) „Feuer“; toh (ⲧⲟϩ) „laufen“ und taho (ⲧⲁϩⲟ) „ruhen“; kelp (ⲕⲉⲗⲡ) „entwenden“ und tschōlp (ϭⲱⲗⲡ) „darlegen“; nahb (ⲛⲁϩⲃ) „Knecht sein“ und nahm (ⲛⲁϩⲙ) „befreien u. s. w.

Wir sehen es, die ursprünglich doppelsinnigen Worte legen sich in der späteren Sprache in je zwei einsinnige auseinander, indem jeder der beiden entgegengesetzten Sinne je eine lautliche Ermässigung derselben Wurzel für sich allein occupirt. Es bildet sich aus der ursprünglichen Doppelsinnigkeit, die in der alten Sprache abundirt, in der neuen verhältnissmässig selten ist, allmählich eine Einsinnigkeit heraus, und nimmt, eine jede für sich, einen besonderen Laut zu ihrem Ausdruck in Anspruch.*) Mit anderen Worten, die Begriffe, die nur antithetisch gefunden werden konnten, werden dem menschlichen Geist im Laufe der Zeit genügend angeübt, um jedem ihrer beiden Theile eine selbstständige Existenz zu ermöglichen, und jedem somit seinen separaten lautlichen

*) In den ältesten erhaltenen ägyptischen Sprachproben zeigt die Mehrheit der Worte bereits Eindeutigkeit. Doch ist Zweideutigkeit und stufenweise Entwicklung derselben zur Eindeutigkeit noch häufig zu beobachten.

Vertreter zu verschaffen. Nachdem der Begriff der Stärke durch den Gegensatz gegen die Schwäche entdeckt, und der Gesammtbegriff beider durch die gemeinsame Vorstellung von „starkschwach" geläufig geworden war, können endlich Stärke und Schwäche jedes allein gedacht werden, ohne sich bewusst an ihrem Widerspiel zu messen. Damit entsteht Sprache im modernen Sinne, in welchem jedes Wort, wenn es auch immer noch relativ, und damit mehrsinnig zu bleiben pflegt, doch wenigstens nicht absolute Gegensinne einschliesst.

Der ganze Vorgang wurde durch die Natur des ältesten Sprachinhalts ausserordentlich erleichtert. Was der Urmensch sah, waren nur die wesentlichsten, die am meisten in die Augen fallenden Eigenschaften der Dinge. Nach diesen benannte er sie. Somit schuf er, obschon er nur Concretes bemerkte, unwillkürlich die allgemeinsten sinnlichen Kategorien. Er nannte Messer, Schwert und Beil mit einem Namen: scharf.*) Er hiess Sonne, Mond und Sterne gleichmässig: Licht.**) Er gab Vogel,

---

*) Ägyptisch: Messer und Schwerdt: korbi (ⲕⲟⲣⲃⲓ): Beil: kelebin (ⲕⲉⲗⲉⲃⲓ ⲛ); kōrf, tschorf, horb (ⲕⲱⲣϥ, ϭⲟⲣϥ, ϫⲟⲣⲡ̂) zerschneiden, zerstören.

**) Sonne: Griech. ἥλιος (hell); Mond: Lat. luna (luc—na); Sterne: Russ. svesda (svet, Licht).

Regen, Rauch und Wolke dieselbe Bezeichnung: Flieger. Kurz, er beachtete nur das Wichtigste; bezeichnete dies nach den hauptsächlichsten Kennzeichen, die sich an den Dingen gleichartig wiederholen; und erfand somit eine kleine Anzahl von Wurzeln, deren jede eine verhältnissmässig grosse Menge von Gegenständen zu benamsen verwendet wurde. Diese ältesten Wurzeln, deren Bedeutungen sich in allen Sprachen innerhalb der nöthigsten Begriffe zu halten pflegen, und deren Ideenregister somit in keiner Sprache ein grosses ist, sind es nun, an denen die Erscheinung des antithetischen Doppelsinns beobachtet wird. Sowohl die Zeit ihrer Entstehung, als das Wesen der betreffenden Begriffe erklärt die Beschränkung des Phänomens auf diesen Theil des Wörterbuchs. Einerseits war zur Auffindung der ersten Begriffe der bewusste Gegensatz am nöthigsten, und bot sich auch am unmittelbarsten dar, weil zu einer Zeit in der noch nicht ohne Antithese gedacht werden konnte, durch die Einfachheit des Gedachten die Antithese sofort auch bei der Hand war. Andererseits konnten, nachdem einmal die nächstliegenden allgemeinen Gedanken doppeldeutig gefunden, und allmählich bis zur Eindeutigkeit eingeübt worden waren, ähnliche allgemeine Gedanken mit halbbewusster und unausgedrückter Vergleichung von vornherein eindeutig geschaffen, und die Tausende von Derivativen, welche die ungeheuere Masse jedes Wörterbuchs ausmachen, von den somit eindeutig verselbstständigten Wurzeln ebenfalls eindeutig abgeleitet werden. Krumm und grad hatten überall in demselben Moment geboren und in einigen Sprachen wenigstens zunächst in demselben Wort untergebracht zu werden; aber lange ehe man gewisse Maschinentheile nach ihnen benannte, waren beide getrennt genug, um in den betreffenden Terminis nur eine Seite ihres ursprünglichen Gesammtgedankens zum Vorschein kommen zu lassen. Ebenso verhält es sich mit der weit überwiegenden Mehrheit aller nachgeborenen d. h. aller überhaupt entstandenen Wörter.

Der für das Aegyptische geführte Nachweis contradictorischer Urbedeutungen wird in den Beispielen des Anhangs auf die indoeuropäischen und semitischen Sprachen, also auf die gesammte noachidische Familie ausgedehnt. Wie weit dieses in anderen Sprachfamilien geschehen kann, bleibt abzuwarten: denn obschon der Gegensinn ursprünglich den Denkenden jeder Rasse gegenwärtig gewesen sein muss, so braucht derselbe nicht überall in den Bedeutungen erkennbar geworden, oder erhalten zu sein. Es lässt sich denken, dass eine Rasse, obschon sie ihre ersten Begriffe mit bewusster Scheidung vom Gegentheil fassen gemusst, wie jede andere, diesen Gegensinn in ihren Wortbedeutungen entweder nicht, oder zu schwach zum Ausdruck gebracht, um uns sichtliche Spuren davon zu hinterlassen. Die Sprachen, in welchen Gegensinn erkennbar erhalten ist, bevorzugen gewisse Begriffe in dieser Richtung — ein neuer Beweis der Verwandtschaft und bewussten Antithese. Als da sind: Seinnichtsein; allekeiner; einerkeiner; mitohne; zerschlagenverbinden; gebennehmen; gehenstehen; sprechenhören; zeigenverbergen; grossklein; starkschwach; altjung; helldunkel; kaltwarm; hochtief; fernnah; blossbedeckt; nasstrocken; lautstill; ausseninnen; müssigfleissig; reinunrein; heiligverflucht u. s. w. Die Begriffe, in welchen sich der Gegensinn am allgemeinsten geltend macht und am längsten erhielt, müssen diejenigen sein, die ursprünglich zu fassen, und nachmals in ihre beiden Theile zu sondern, am schwierigsten war.

Was das Hamitische betrifft, so verweist der Verfasser auf die ausführlichen ägyptischen Inversionsverzeichnisse in seinen „Koptischen Untersuchungen“ (Berlin 1876) sowie auf die Behandlung theils derselben, theils anderer Seiten der Erscheinung in seinen Oxforder Ilchester Lectures (London 1883), Linguistic Essays (London 1882) und „Ursprung der Sprache" (Berlin 1881). Die in seinen Koptischen Untersuchungen gegebenen 90 Seiten langen ägyptischen Inversionsverzeichnisse schliessen zahlreiche Lautmetathesen ein, in denen, als der ursprünglichen Wurzelform gleichwerthig, die Sinnmetathese sich eben so zeigt, wie in der ursprünglichen Wurzelform selbst.

Im Semitischen ist die Sinnverkehrung eine häufige, von den einheimischen Grammatikern längst beobachtete Erscheinung. (Cf. Redslob, die arabischen Wörter mit entgegengesetztem Sinn). Da das Semitische aber kein Material bewahrt hat, aus dem der Zusammenhang der entgegengesetzten Bedeutungen historisch nachgewiesen werden könnte, so hat man sich damit geholfen, die Erscheinung durch Homonymie, oder durch eine muthmassliche Vertheilung der Gleichlauter über verschiedene Dialecte zu erklären*). Die erste Er-

*) Ueber örtliche und zeitliche Scheidung der Gleichlauter in Aegypten siehe meinen „Ursprung der Sprache" S. 6.

klärung wird durch die Erkenntniss der ägyptischen Erscheinung noch unwahrscheinlicher und unnöthiger gemacht, als sie selbst den Arabern immer gewesen ist; die zweite ist nur für gewisse Worte belegt, für andere, sogen. Lexicographenworte, welche die Literatur nicht kennt, nur supponirt. Angenommen, sie wäre allgemein statthaft, so hätten wir entweder spätere lokale Differenzirung einer ursprünglich einheitlichen Bedeutung, und damit etwas unverständlicheres, als Gegensinn in alter Zeit, und fortschreitende Ersetzung desselben durch bestimmtere Auffassung im Wachsthum der menschlichen Vernunft; oder stammweis einseitige Uebernahme einer ursprünglich zweitheiligen Bedeutung, was mit den obigen Ausführungen stimmt.

Von den angehängten Beispielssammlungen der drei noachidischen Sprachstämme wird die Indoeuropäische am auffallendsten sein. Je vorgeschrittener eine Sprache, desto mehr wird die alte Unbestimmtheit durch genauere Fassung der Begriffe ersetzt, desto völliger schwindet also auch der Gegensinn. Dennoch finden sich auch in den Idiomen der civilisirtesten Völker noch zahlreiche Beispiele desselben, die, so lange Sinnverkehrung für unmöglich galt, für Homonymie genommen wurden, durch die Thatsache der ägyptischen Erscheinung aber in ein anderes Licht gerückt werden.

Es verdient dankbare Beachtung, dass wie Mr. Herbert Morton Baynes kürzlich in einer Kritik obgenannter Schriften (Mind, April 1883) gezeigt, von Prof. Bain die Doppelauffassung der Sprache, wie es scheint, ohne Kenntniss des thatsächlichen Phänomens, und aus rein theoretischen Gründen als eine logische Nothwendigkeit gefordert worden ist. In seiner Logic I, 54 lässt sich das Haupt der heutigen Schottischen Philosophischen Schule in den folgenden inhaltsschweren Worten vernehmen:

„The essential Relativity of all knowledge, thought or consciousness cannot but show itself in language. If everything that we can know is viewed as a transition from something else, every experience must have two sides; and either every name must have a double meaning, or else for every meaning there must be two names. We cannot have the conception light, except as passing out of the dark: we are made conscious in a particular way by passing from light to dark, and from dark to light. The name light has no meaning without what is implied in the name dark. We distinguish the two opposite transitions, light to dark, and dark to light.

and this distinction is the only difference of meaning in the two terms: light is emergence from dark; dark is emergence from light. Now the doubleness of the transition is likely to occasion double names being given all through the universe of things; languages should be made up, not of individual names, but of couples of names."

Zu dem logischen Anspruch dieser Doppelauffassung tritt die philologische Erkenntniss, dass sie sich in den Sprachen der nachmals civilisirtesten Völker ursprünglich in einem gegensinnigen Wort vollzog.

Aehnlich spricht Tobler in seinem „Versuch eines Systems der Etymologie" Lazarus und Steinthal, Zeitschrift für Völkerpsychologie und Sprachwissenschaft, Band I S. 360):

„Schon bei der ersten Sprachbildung mochte es ferner vorkommen, das gewisse, ihrer objectiven Natur nach doppelseitige Anschauungen sprachlich in einer und derselben Wurzel fixirt wurden, der dann also eine doppelte, fast entgegengesetzte Bedeutung zuzukommen scheint. Denn dass sich die eine von diesen aus der anderen erst im Verlauf entwickelt habe, ist nicht anzunehmen, wenigstens da, wo beide Bedeutungen innerhalb der sinnlichen Sphäre liegen; vielmehr entspringen beide gleichzeitig aus einer, in sich polaren Grundbedeutung, welche eben, wie ein elektro-magnetisches Wesen, nur in dieser Spaltung ihre eigentliche Existenz hat. Die meisten dieser Fälle betreffen räumliche Anschauungen; die Relativität aber und blos subjective Geltung der gewöhnlichen Raumbestimmungen konnte schon der natürlichen Anschauung vorschweben, wie denn der, späteren Forschungen durch unmittelbare Spürkraft vorauseilende Tiefsinn des Sprachgeists in noch höheren Gebieten vielfach anerkannt werden muss.“

Es folgen dann eine Anzahl Beispiele räumlichen Gegensinns, und darauf andere, „aus räumlichem in begriffliches Wechselverhältniss spielende“. Die obigen Untersuchungen dehnen den Nachweis des polarischen Grundbedeutungswechsels von dem Sinnenmaass der Raumvorstellungen auf andere sinnliche und begriffliche Unterscheidungen der ursprünglichen Sprachbildung aus.

Anhang von Beispielen

des

Aegyptischen, Indogermanischen und Arabischen Gegensinns.

3*

Aegyptische Beispiele des Gegensinns.

ȧfṭ aufspringen V ruhen
ȧn wegbringen V hinzubringen
ȧpu ḥer „ohnemit“ = ohne
ārī aufsteigen V ārī, Boden
ȧs würdig V ȧs elend, gewöhnlich
ȧṭ geben V ȧṭ, mangelnd V mangelhabend
āt' hören V Wort V ȧṭ, taub sein

bāḥ, voll V bak fehlen, mangeln
bōk gehen V bek̇-a sitzen
ebol (e hinzu, bol, hinweg) = hinweg
ebolute (ebol, hinweg, ute hinweg V hinein) = hinweg
ebolkhen aussenimnen (ebol aussen, khen innen) = heraus

---

*) Obschon es sich bei der Spaltung einer gegensinnigen Wurzel nicht sowohl um Lautveränderung derselben Wurzel, als um Wurzelvariation handelt, so sind die nachfolgenden Beispiele doch so gewählt worden, dass sie keinen, oder nur geringfügigen phonetischen Wandel zeigen. Eine ungleich grössere Anzahl würde sich mit dem gewöhnlichen Lautwechsel ihrer Idiome anführen lassen. Die Zahl wächst ausserordentlich, wenn Lautmetathese in Betracht gezogen wird.

ehraihm (ehrai, in, hinzu, hm in) = in V hinweg
fek voll V fen̄ka, leeren
fenh entführen V zurückführen
kb kalt V (kōb) kep, warm
kef nehmen V weglegen
kek Feuer, Licht V Dunkelheit
kelp stehlen V tschōlp, darlegen
ken starkschwach V kaṇ schwach
ken starkschwach, V tschne stark V tschnau, schwach
ken stark V schwach
laau etwas V nichts
laau Jemand V Niemand
lausʿ Kummer V lesʿ-i Freude
latbes bindentrennen (lat binden, bes trennen) = binden
m mit V von
men nicht V und
men nicht V Theil
mēn stillstehen V mon, heranbewegen
men stehen V menmen sich bewegen
meχ leer V meḥ voll
mo nehmen V moi geben
moni stehen V monmen gehen
moni wegnehmen V heranbringen
mu Wasser V Ufer, Insel
mu Wasser V mue Feuer
net's klein V natsʿ, nesʿ-t gross, stark
nahb, Joch, Knecht sein V nahm befreien
net' zermalmen V net', ganz
neh trennen V noh, Band
nuh, Band V nuh-e, zerschmettern, trennen
orp festhalten V uorp loslassen
uesθōn fernnah (ues fern θōn nah) = nah
unχ bedecken, verdecken V unḥ, darlegen
ute wegvon V hinzu
r wegvon V hinzu

sa wegvon √ hinzu
sa schön √ gemein, niedrig
sam dunkel √ sem sichtbar
set wegwerfen √ erlangen
sat wegwerfen √ set, wegwerfen, erlangen
sah-e entfernen √ seuh verbinden
ses' ziemlich (Hierogl.) √ sōs' (Kopt.) unziemlich
seχ trennen √ seḥ-u verbinden
sme Stimme √ Gehör
sneḥ binden √ sneh trennen
snh, bindentrennen, senh binden √ neh, trennen
srfe müssig sein √ arbeiten
djof, brennen √ djaf kalt
taho dabeistehen √ hinzubringen
tahno festhalten √ sich enthalten
tem einschliessen √ ausschliessen
tem einausschliessen, s'tam einschliessen √ s'tamro ausschliessen
ṭem zerschneiden √ verbinden
ṭem schneiden √ ṭem-i, tōm verbinden
ṭerp nehmen √ geben
tes'tes' verlassen √ mischen
teh laufen √ taho ruhen
tem, Jemand √ nicht sein
tōm hinzufügen √ anhängen √ tm, nicht sein nicht thun
tūa anbeten √ verfluchen
tūa anbetenverfluchen, taio anbeten √ djeua, verfluchen
χeft für √ wider
χen stillstehen √ hingehen
χen stehen √ ḥun sich bewegen
χers zerstreuen √ χers', bündeln
χont in √ unter
χrem-s Dunkel √ χrōm Feuer

kha über V unter

khelsʻeri altjung (khel alt, sʻēri jung) = jung

khotb schneiden V hōtp zusammenbinden

khrōu schreien V hurōu still

sʻēu weit V tsʻeu, eng

sʻep nehmen V empfangen

sʻom schwach V djom stark

sʻōnf verbinden V senf schneiden

sʻuo fliessen V austrocknen

ha über V unter V hinzu

hb-a dunkel V χb-s Lampe

hi hinzu V wegvon

hōn befehlen V gehorchen

hōp verbergen V enthüllen

ḥir oberst V χer unterst

ḥr mitsammt V entfernt von

ḥr mit V ḥr ausgenommen

ḥr von V zu

djol, Mauer, Umgebung V Oeffnung, Loch

djōlh, kleiden, umwickeln V entblössen

tschnau rüstig V träge

tschōldj anhängen V abstehen V abschneiden.

Beispiele Indo-Europäischen Gegensinns.

Lat. altus (hoch V tief)

Ags. ämetig (müssig) V AHD. emazic (emsig)

Sanscr. ârât (fern) V (nah)

Gr. *αὐξ-άνω* (vermehren) V *οὐκ*, nicht V auch

Alts. bat (gut) V Engl. bad, (schlecht)

Slov. běl-yi (hell) V bur-yi (dunkel)

Slov. berl-eti (brennen) V Lith. ber-as (dunkel)

Slov. bez-ati (verbinden) V bez (ohne)

Sans. bhaǵ (nehmen) V bhuǵ (verlangen)

Sanscr. bhara (Fülle) V bar

Sanscr. bhrgu (Fels) V (Abgrund)

Engl. to bid (fordern) V (bieten)

Goth. binah (müssen V dürfen)

Ags. blaec (schwarz) V (weiss) (Engl. black schwarz, bleak unbestimmtes farbloses grau)

Russ. blagi (gut und schlecht)

Ags. blîcan (funkeln) V blac (bleich)

Lith. blog-os (blind) V A. N. blakk-i (Glanz) V the black-ness (Schwärze) V bleak V bleich

Boden (oberstes) V (unterstes im Hause)

bös (schlecht) V bass (gut)

E. to boot (nützen) V Busse (Nutzen für andere, Schaden für sich)

Lat. cal-idus, Litt. sziltas (warm) V Litt. szal-tas (kalt)

Lat. cedere (Gehen V Kommen)

Pol. ciem-ie (Scheitel) V ziemia (Boden)

Sanscr. çikhî (Feuer) V çiçira (kalt)

Lat. clamare (schreien) V clam (leise, still)

Sanscr. dar-a (Grube) dar-ï (Thal) V dharādara (Berg)

Slov. debr (Berg) V dolbsti (graben)

Sanscr. dîrgha (hoch) V (tief)

Kl. Russ. dobrischtsche (grosses Gut, grosses Uebel)

Pol. do-starcz-yć (darbieten, gewähren) V Czech. obdrž-eti (erhalten)

Engl. down (niedrig) V the down (der Berg)

Litt. dreg-nas (nass) V (trocken)

An. drekka, Goth. drigkan (trinken) V Ags. drig, (trocken)

Russ. dur-ak (Thor) V Sanscr. dhîr-a (weise)

NHD. dünn V Ndd. dûn (dick)

E. End V the farther end

AHD. Ende (Ende V Anfang)

Griech. ἔρχεσθαι (Gehen V Kommen)

An. fâ (geben V nehmen)

Lat. findere (spalten) V. D. binden

An. gêta (geben V nehmen)

Litt. ged-as (Schmach) V Slov. god-en (ehrbar)

γήλοφος (Berg) V R. glub-ok-ij (tief)

Sanscr. gir-i (Berg) V gar-t-ta (Grube)

Russ. glas (Auge) V glass (Stimme)

Engl. gleam (Glanz) V gloom (dunkel)

Russ. golubi (blau) V D. gelb

Slov. greb-en (Berg) V D. Grab

Sans. gup (leuchten) (?) V (verdunkeln, verbergen)

Gr. ἥλιος Litt. saul, Lat. sol (Sonne) V Czech. šer-y (dunkel)

Lat. herus (Herr) V Griech. χέρης (Untergebener)

Ag. hlaev (Berg) V Slov. pro-hlub-en (Graben)

Slov. chob-at (Fülle) V Cz. chyb-a (Mangel)

Slov. hrib (Berg) V Russ. grob (Grab)

Sanscr. kâl-a (dunkel) V Pol. sz-kl-o (Glas)

Slov. kal-en (dunkel) cal-igo V hell

Litt. kal-nas (Berg) V Sanscr. kul-ja (Grube)

Sanscr. kar-ka (weiss) V R. čer-nyi (schwarz)

Sans. kaṭ (verbergen) V pra-kaṭ-a (zeigen)

Sanscr. k'aṭak'aṭa (Lärm) V Serb. ćut-eti, sut-iti, (schweigen)

Litt. kau-kar-a (Berg) V kar-la (Zwerg) [Slov. kor-en (Wurzel) ?]

Gr. κείρειν (abschneiden) V Lat. cer-a (Wachs)

Litt. kirp-ti (schneiden) V kilp-a (Band, Strick)

D. kleben V klieben (spalten), to cleave

Slov. klep-ati (zerschlagen) V Litt. kilp-a (Strick)

Slov. kol (Spalt) V kl-ej (Leim)

Russ. kon-ec (Ende) V beginn-en

Serb. kraj (Ende) V (nahebei)

Russ. kri-č-ati (schreien) V Litt. kur-s (taub)

Sanscr. kuhara (Klang) V (Kehle) V (Ohr)

Serb. kur (glänzend) V Slov. kal-en (dunkel)

Litt. kur-us (taub) V Russ. kli-k-ati (schreien), καλεῖν

Sans. lag (zerschneiden) V (verbinden)

Sanscr. lagh-u (kurz) ἐλαχύς V Goth. laggs (lang) V Schweiz. ligs (wenig, gering)

λακίζω (zerreissen) V Lat. laqueus (Strick)

Gr. λαγχάνω er-lang-en Ks. lučiti V Lat. re-linquere (aufgeben) E. to lack (entbehren)

Gr. λάμπω (leuchten) V L. lipp-us (blind)

Russ. lek-ar (Arzt) V Litt. ligg-a (Krankheit)

Lat. lippus (trübäugig, blind) V li-m-p-idus (hell)

Engl. to lock (schliessen) V Lücke, Loch

AHD. lûhhan (schliessen) V MHD. liechen (öffnen)

Russ. luk (Bogen), λοξός, ῥοικός, a-rc-us; Sanscr. raç-ana (zona) V rec-tus

Slov. luč (Licht) λευκός (hell) V λυγαῖος (dunkel)

Lat. mac-ere, (mager sein) V Russ. mas-lo (Fett)

Litt. mac-nas (stark) V meñk-as (schwach)

Griech. μάλα (sehr) Russ. malo (wenig) V L. mille (tausend)

Gr. μακρός (gross) V μικρός (klein)

Lat. malus (schlecht) V Comp. ~~mior~~ (besser) melior

Russ. mèš-ati (verbinden) V meč-ī Schwerdt)

Sanscr. mógh-a (keiner) muh (mangeln) V L. mag-nus mag-is (viel) E. much

Goth. môtjan (müssen V dürfen)

Russ. mrač-nyi (dunkel) A. N. mörk-r (dunkel V Morg-en

Litt. musz-ti (zerhauen) V Russ. měš-atĭ (verbinden)

Slov. mut (stumm) Lat. mutus V mutt-ire (murmeln)

Lat. must-us (jung und frisch) D. Most V Engl. musty (alt und abgestanden)

Gr. νέμειν (geben V nehmen)

Gr. ξυρᾶν (abschneiden) V sarcire (ausflicken)

AHD. Ort (Anfang V Ende)

Gr. ορέγω (verlangen) V (darreichen)

Lat. pall-ere (bleich sein) V pull-us (dunkel)

Serb. pa-tul-jak (Zwerg) V Sanscr. tul (erhöhen)

Gr. πηγνύναι (durchbohren) V (befestigen)

Litt. pesz-ti (abreissen) Slov. poč (Spalt, V Slov. o-poš-nik (Band)

Litt. plyszti (trennen) V R. plesti (verflechten)

Pol. po (über) V Litt. po (unter)

Pol. pol-e (Acker) V Czech. plo-ny (unfruchtbar)

Lat. poll-uere (beschmutzen) V pullus (rein) V (unrein)

Russ. prazd-nyi (müssig) V u-praz-nyatsya (arbeiten), πράσσειν (arbeiten)

Russ. prigoditi (nützen) V prigodsiti (schaden)

Lat. pullus (dunkel) V pallere bleich sein)

pullus (rein) V (schwärzlich

Lat. pur-us (rein) V Serb. per-ljati (beschmutzen)

Russ. rad (froh) V Litt. liud (traurig), Leid, raudōju (ich klage) Sanscr. rud (trauern)

Rasten V rüsten

Russ. raz (zer) V Litt. su-rysz-ti (verbinden)

AHD. rîsan (steigen V sinken)

Gr. ῥοικός (krumm) V Lat. rec-tus (grade)

Poln. ruh (bewegen) V D. Ruh-e

Serb. rumen Russ. rum-janyi (roth) V Slov. (gelb) V Poln. przy-rum-ienić (verdunkeln)

Lat. sacer (heilig V verflucht)

Lat. serere (verbinden) V sarrire (ausreissen)

Lat. sicc-us (trocken) V saug-en

Lat. sicc-us (trocken) V succ-us (Saft)

Slov. s-klep-ec (Messer) V s-klep-ati (verbinden)

Gzech. s-klub-ati (abreissen)

to cleave (spalten) V kleb-en

Russ. skorbiti (stärken V skorbeti (schwach sein)

Slov. s-kur (hell) V Serb. kal-en (dunkel)

Gross Russ. Slovo (Wort) V Klein Russ. slovo (Geheimniss)

Slov. slu-ti (hören) V Lat. sil-ere (schweigen)

Poln. s-por-y (reichlich) V Lat. par-um (zu wenig)

Lat. Socius (Genosse) V secus (anders)

Serb. s-ten-a (Fels) V Pol. ton-i (Tiefe)

Engl. to step V to stop V ὁ στίβος, στιβέω

Slov. stop-nice (Treppe) V to stoop

Russ. stup-ati (schreiten) V to stop (stillstehen)

Stumm V Stimme

Russ. suχi (trocken) V Czech. sok-ati (saugen)

Russ. šar (Kreis) V Sanscr. Sar-ala, (grade)

Russ. šel-i (Spalt) V sil-ok (Band, Strick)

Slov. š-čem-eti (glühen) V Czech. ciem-ny (dunkel)

Litt. szil-ti (warm sein) V szal-ti (kalt sein)

Russ. šir-okij (breit, weit) V Litt. saur-as (eng)

Slov. š-verk-niti (zerschmettern) V Czech. pro-vlek-ati (verknüpfen)

Gr. σχολή (Musse V Fleiss)

Litt. szalt as (kalt) V Lat. cal-idus, Litt. szil-tas (warm)

Russ. χreb-et (Berg) V glub-okij (tief) Slov. pro-hlub-en (Grube)

Kl. R. χudi (Arm), χudobá Armuth V χudóba Reichthum

Russ. khoroschi (gut) V Kl. R. girsch (schlecht) V Poln. gorsze (schlechter)

Sanscr. tan (ausdehnen) V tanu (kurz)

Sans. tan (glänzen) V Russ. teni (Schatten)

Litt. tar-ti (sprechen) V tyl-eti (schweigen)

Gr. τείνω (ausstrecken) V στενός (eng)

Czech. tem-ě (Gipfel) V Slov. tem-en (tief)

L ter-ere (zertheilen) V torus (Schleife)

Serb. tož-iti (klagen) V Slov. taž-iti (trösten)

Slov. tre-ti (zerbrechen) V s-ter-niti (zusammenbinden)

Sanscr. tul (erheben). Slov. štul-a (Höhe, Gipfel) V Serb. pa-tul-jak (Zwerg)

Slov. u-met-ek (Fett) V med-el (mager)

Schwed. uti (ut aus, i in) in

Sanscr. vara gut, besser Goth. *wair-is, wairs, Engl. w orse (schlechter)

Slov. vek (Stärke) V E. the weak-ness (Schwäche)

An. velja (geben V nehmen)

Slov. vz-dig-nuti (erhöhen) V Litt. dug-nas (Boden)

Wider (hin V zurück)

wider (gegen) V wieder (zusammen mit)

E. with (mit) V (weg von)

Engl. without (mitohne) (with mit, out ohne) = ohne

MHD. zogen (eilen V zögern)

Beispiele arabischen Gegensinns nach Redslob's Abû Bakr Ibn al-Anbāri's Kitâb al-addad*).

abbana, tadeln, loben.

taattama, sündigen, sich der Sünde enthalten.

azrun, Stärke, Schwäche.

asida, den Löwen fürchten, ängstlich sein, dem Löwen (an Muth) ähnlich sein.

afida, eilen, zögern, *afidun*, eilend, zögernd.

afara, behende sein, fett werden (v. Kameel).

alija, carnosas habuit clunes, schwanzlos sein (v. Schaf Anb.

amamun, kleine Sache, grosse Sache.

*) Die obverzeichneten Worte sind in einer Bedeutung meistens in der Literatur bekannt, in der anderen dagegen nur von den Lexicographen verzeichnet, oder von den Grammatikern der Vulgärsprache dieses oder jenes Stammes zugeschrieben Eine Anzahl kommen jedoch auch in der Literatur in beiden Bedeutungen vor, obschon auch dann die eine zu überwiegen pflegt Z. B. rag'â hoffen, fürchten, meist hoffen; hafa, fürchten, hoffen, meist fürchten; asarra geheimhalten, verbreiten, meist geheimhalten u. s. w.

âla, dick werden, dünn werden.

annun, Annehmlichkeit, Abspannung.

batta, abschneiden, vollkommen machen.

abtara, schenken, verweigern.

batrun, viel, wenig.

baḥturijjun und *baḥturun*, kurz, gross.

badana, stark werden (v. Körper), *baddana*, schwach werden.

bariḥa, verschwinden, zum Vorschein kommen.

barada, kalt machen, erhitzen (?).

barrada, kalt machen, erhitzen. Anh.

absala, verbieten, gewähren.

baslun, unerlaubt, erlaubt.

baṭala, nichtig sein, *baṭula*, tüchtig sein.

baṭṭâlun, träge, rüstig.

bakka, zusammengedrängt sein, trennen.

balaga, öffnen, schliessen (die Thür).

ablahu, einfältig, klug.

bannatun, Unangenehmer Geruch, angenehmer Geruch.

abâ'a, verweilen, entfliehen,

bajjada, füllen (ein Gefäss), entleeren.

baidatu 'lbaladi, Vornehmster, Niedrigster.

bâ'a (med. i), verkaufen, kaufen.

bâna (med. i), getrennt sein, verbunden sein.

bainun, Trennung, Verbindung.

tâbbun, stark, schwach.

tabi'un, Client, Patron.

tarraba, viel Schätze haben, wenig Schätze haben.

tafila, übel riechen, gut riechen.

talʿatun, Hochebene, Tiefebene.

talâ, folgen, verlassen.

ṯaʾṯaʾa, tränken (die Kameele), dürsten lassen.

ṯabbaṭa, träge machen, begierig machen.

aṯǵara und *_aǵara*, die ersten Zähne bekommen, dieselben verlieren.

ṯalla ʿarša fulânin, den Thron Jemandes umstürzen, den Thron Jemandes wiederherstellen (letzteres n. Qatrub nur in IV).

ṯunâʾun, Lob, Tadel.

ṯanaî, loben, tadeln.

ǵabaʾa, sich verbergen, herauskommen (aus dem Schlupfwinkel).

ǵabʾun, tiefe Wassergrube, Hügel.

ǵabrun, König, Sklave.

ǵuddun, ein Brunnen mit vielem Wasser, desgl. mit wenig Wasser.

ǵadîdun, neu (vom Kleide), abgenutzt (vom Zeuge). Anb.

ǵadâʾ, } ein Geschenk begehren, schenken.
ǵadâ, }

ǵaʿdun, freigebig, geizig.

ǵuʿšamun, klein und dick, lang und dick.

ǵuʿšûšun, klein, lang.

ǵaʿfarun, kleiner Fluss, grosser Fluss.

ǵafaʾa, schliessen (die Thür), öffnen (die Thür).

aǵalla, stark sein, schwach sein.

iǵlaʿabba, auf der Seite liegen, ausgestreckt sein.

ǵamʿun und ǵumʿun (mâtat biǵamʿin oder biǵumʿin), die Kameelstute ist mit einer Leibesfrucht gestorben, sie ist ohne solche gestorben.

ǵanaba u. ǵânaba, Jem. zur Seite sein, fern von Jem. sein.

ǵada von reichlichem Regen getränkt sein (v. d. Erde), dürsten.

ǵaunun, weiss, schwarz (v. Pferden und Kameelen).

ḥaǵâ, bleiben, vorübergehen.

ḥadamânnu, Schnelligkeit, Langsamkeit.

ḥarasa, bewachen, stehlen.

ḥarfun, schwaches, starkes Kameel.

ḥirfatun, Erwerb, Nichterwerb.

ḥazwarun, Jüngling, Greis.

ḥaušabun, mit schlankem Bauch, mit grossem B. versehen.

ḥuṣâlatun, die Hülse des Getreides, das Korn desselben.

ahluʾlḥaḏârati, Städter, Wüstenbewohner.

ḥâfilun, milchreiche, milcharme Kameelin.

ḥafâ, geben, verweigern.

ḥamîmun, heisses, kaltes Wasser.

aḥammu, weiss, schwarz.

aḥmaru, roth, weiss.

taḥannaṯa, sich eines Verbrechens enthalten, ein Verbrechen begehen.

aḥmada, mehr Wasser als Wein, weniger Wasser als Wein beim Mischen anwenden.

muḥâniqu, magere, fette (Kameele).

ḥâza (med. u), leise, heftig vorwärtstreiben.

ḥaizun, leiser, heftiger Antrieb.

ẖâbiṭun, schlafend, mit dem Fusse die Erde stampfend.

ẖabâ, ausgelöscht sein, glühen (vom Feuer).

ẖaj'ilun, breites, langes Zeug.

ẖarîqun, heftig, sanft wehender Wind.

ẖašîbun, unfertiges, blankgeschliffnes Schwerdt.

ẖašaba, schmieden, blankschleifen (das Schwerdt).

ẖašara, von Unsauberkeiten säubern, dies. zurücklassen.

aẖḍaru, grün, schwarz.

muẖaḍramun, unbeschnitten, beschnitten.

aẖfaru, Beschützer, Schützling.

ẖafâ, verborgen sein, offenbar sein.

aẖalla, male fructifera fuit, noch unreife Datteln tragen (vom Palmbaum).

ẖallun, mager, fett.

ẖâli'un, dürr, belaubt (vom Baum).

aẖlafa, Versprechen nicht halten, halten.

ẖalfun, schlechter Sohn, *ẖalafun*, guter Sohn.

ḥajjun ẖulûfun, abwesender Stamm, anwesender Stamm.

muẖlifun, eine regnende, nicht regnende (Wolke).

ẖinḏîḏun, Hengst, castratus.

ẖannaurun, Unglück, Glück.

ḫâwaqa, übereinstimmen, uneins sein.
aḫwaṣu, tiefer Brunnen, Anhöhe.
ḫâfa (med. u), fürchten hoffen.
ḫâ'ifun, furchtsam, Furcht einflösend.
aḫwa', fett werden (vom Vieh), hungern.
ḫaiṭun, Schwärze der Nacht, das Weiss der Morgendämmrg.
da'da'a, in Bewegung, in Ruhe versetzen.
daḥilun, dickbäuchig, schlaffbäuchig.
duḫlulun, treu, unter Fremde sich mischend.
dadânun, stumpfes, scharfes (Schwerdt).
dâra'a, sich milde, freundlich zeigen, zurückstossen.
adra'u (lajâlin dur'un), Nächte, deren Anfang hell, deren Ende dunkel ist, Nächte, deren Anfang dunkel, deren Ende hell ist.
diẓâjatun, kurz, lang.
mudatta'un, edel, unedel (vom Kameel).
dulg'atun (sâra dulg'atan) zu Anfang, gegen Ende der Nacht reisen.
dâma (med. u), ruhig sein, Anb.: sich hin u. her bewegen.
dûnun, dûna, dûnu, unterhalb, oberhalb.
dâna (med. i), Schuldner, Gläubiger — gehorsam, ungehorsam sein — dienen, herrschen.
midjânun, stark verschuldet, Anderen viel borgend.
ḏa'ug'a, schnell schlürfen, langsam trinken.
ḏariba, verdorben sein, gesund sein (vom Magen).
ḏarabun, Verdorbenheit, Gesundheit (des Magens).

ṯafarun, guter, übler Geruch.
bi'run ḍamîmun, Brunnen, in dem viel, wenig Wasser ist.
ara'i, klug werden, die Dummheit auf dem Gesicht tragen.
rabîbun, Sklave, König.
ratâ, aufbinden, zubinden (den Schlauch).
raǵâ, hoffen, fürchten.
arda', Jemandem helfen, Jemand zu Grunde richten.
ridâ'un, Freigebigkeit, Geiz.
rassa, Frieden schliessen, Zwietracht anstiften.
raǵîbun, begierig nach, nicht begierig nach etwas.
raqa'a Zwietracht anstiften, Frieden schliessen.
rimmatun und *aramma*, morsch sein, markig sein (von Knochen).
rama', helfen (von Gott), Jemandes Hand oder Nase beschädigen (von demselben).
rahwatun, hochgelegener, tiefgelegener Ort.
râ'iḥatun, guter, übler Geruch.
râša (med. u), viel essen, wenig essen.
rajjiḍun, gezähmt, ungezähmt.
râǵa, (med. u) sich abwenden, sich hinwenden.
arwanânun, schwerer, leichter (Tag).
zubjatun, Anhöhe, Löwengrube.
zaḥaka und *azḥaka*, nahe sein, fern sein.
za'mun, wahres, falsches Wort.
zu'mijjun, wahrhaft, lügnerisch.
mur'amatun, fett, nicht fett.

za'ûmun, sehr fett, nicht sehr fett.
zama'a, schnell sein, langsam gehen.
zana'a, behend sein, einen Berg besteigen ruhig an einem Orte verweilen.
zâhiqun, marklos, markig (vom Kameel).
zâhama, sich von Jemandem trennen, sich Jem. nähern.
tazajjama, vertheilt sein — nicht vertheilt sein (vom Fleische), dick sein.
sabaḥa, ruhen, — sich beschäftigen, auch: wandern.
sabbada, das Haar abschneiden, es lang wachsen lassen.
saġ'ada, sich beugen, aufrecht stehen.
masġ'urun, voll, leer.
sudfatun u. sadfatun, Mündung, Verschluss der Mündung.
asarra, geheimhalten, verbreiten.
sâribun, sich entfernend, gegenwärtig.
sarbachatun, Munterkeit, langsamer Gang.
sa'natun, gefeit, ungefeit.
asfa', über die Stirn herabhängende Haarbüschel habend, solche nicht habend. Anb.
sâqibun, nah, fern.
salfun, grosser Ranzen, kleiner Ranzen.
salîmun, unversehrt, gebissen (v. d. Schlange).
samada (sâmidun), spielen, scherzen — traurig sein.
samî'un, gehorchend, gehorsamt.
sunġ'atun, weisse Farbe mit schwarzen Flecken, schwarze Farbe mit weissen Flecken.

sandarijjun, vortrefflich, gemein.

asâda, einen Sohn zeugen, der sich zum Haupt der Familie eignet, — einen schwarzen Sohn zeugen.

siwa'n, ein Anderer als er selbst, er selber.

šu'mun, weisse, schwarze (Kameele).

mušibbun, Jüngling, Greis.

šug'â'un, stark, schwach. Anh.

šaḥšaḥun, was durch viel, durch wenig Regen zum Fluss gebracht wird.

šaḥâhun, desgleichen.

ašḥana, in die Scheide stecken, aus der Scheide ziehen (das Schwerdt).

ašraba, getränkte, dürstende Kameele haben.

šariba, trinken, dürsten.

šarâširu, Liebe, Last z. B. in der Wendung alqa' 'alaihi šarâšira. Anh.

šaraṭun, niedrige, edle Männer.

šarafun, Erhebung, Senkung. Anh.

šarâ, kaufen, verkaufen.

šarâtun, schlechtes, vorzügliches (Vieh), desgl. *šaran*.

šiš'un, kleine, grosse Menge Vieh.

ša'bun, gesammelte, zerstreute Menschenmenge.

ša'aba, sammeln, trennen.

šaffa, vermehrt, vermindert sein.

šafîfun, kalter Regen, heftiger Sonnenbrand.

šafatun, wenig bittend, durch Bitten lästig werdend.

aška, den Klagenden beruhigen, ihn schelten.
šamlun, Trennung, Sammlung.
ašwahu, hässlich, schön.
šaḥa (med. i), sich fürchten, tapfer sein.
šâma (med. i), das Schwerdt in die Scheide stecken, aus ihr herausziehen.
muṣaḥṣiḥun, treue Freundschaft hegend, mit Eitlem umgehend.
iṣṭaḥama, gelb werden, kräftig grünen (v. d. Pflanze) ?.
taṣaddaqa, Almosen spenden, um Almosen bitten.
ṣarîchun und *ṣârichun*, um Hilfe bittend, Hilfe bringend.
ṣarida, in's Ziel treffen, es verfehlen (v. Pfeil).
miṣrâdun, die Kälte ertragend, sie nicht ertragend.
ṣarîmun, Morgenröthe, Nacht.
ṣafaqa, die Thüren schliessen, sie öffnen.
ṣaqabun, Nähe, Ferne.
ṣaqaba, nahe, fern sein.
ṣâra sammeln, trennen.
aḍabba, schweigen, — reden, rufen.
ḍadîdun und *ḍiddun*, entgegengesetzt, ähnlich.
ḍarâʾun, freie, nackte, — mit Bäumen bes. Gegend. Anh.
aḍʿafa, verdoppeln, Pass. das Doppelte empfangen.
ḍamdun, feucht, trocken.
ṭâhin, erhaben, am Boden liegend.
ṭariba, fröhlich, traurig sein.
ṭalaʿa, sich nähern, sich entfernen.

tazallama, Unrecht zufügen, sich über zugef. Unr. beklagen.
tazâhara, sich gegenseitig unterstützen, sich im Stich lassen.
ẓihâratun, häufig mit *biṭânatun* veswechselt, daher das Aeussere und das Innere des Gewandes.
muʿabbadun, untergeordnet, edel (v. Kameel).
ʿabalun, abfallende, erst emporspriessende Blätter,
aʿbala, solche Blätter haben (v. Baum).
muʿattahun, dumm, klug.
ʿagbâʾu, ein wegen seiner Schönheit oder Hässlichkeit auffallendes Ding.
aʿraba, eine edle, eine unedle Sprache führen.
ʿarûbun, dem Gatten zugethan, gegen ihn sich auflehnend (v. d. Frau).
ʿirbiddun, eine schädliche, eine unschädliche Schlangenart.
irṣammun, mager, kräftig.
ʿazzara u. *ʿazara*, in Ehren halten, helfen, — hindern, tadeln.
ʿasʿasa, die Nacht fängt an zu dunkeln, fängt an zu schwinden.
ʿâṭa, nehmen, geben.
ʿaẓiratun, empfangend, nicht empfangend (v. d. Kameelstute).
ʿafâ, viel sein, den Boden bedecken, — spurlos entfernt s.
ʿaqûqun, trächtig, nicht empfangend (v. d. Stute).
ʿanabânun, leicht, munter — schwerfällig.
aʿnada, gegen Jem. freundl., Jem. feindlich sich zeigen.
ʿanwatun, Gewalt, Liebe, Freundschaft.
ʿahana, an einem Orte bleiben, denselben verlassen.
aʿwaru, einäugig, mit gesunden beiden Augen. Anb.

ʿajjinun, neu, abgenutzt. Anh.
ġabara, verweilen, weggehen.
aġbara, verwischt, neu (v. Wege).
ġurratun, Vornehmer, Sclave.
ġarraba, weisse, schwarze Söhne zeugen.
ġarrada und ġarada, anfüllen, ausschöpfen (ein Gefäss).
ġarîmun, Schuldner, Gläubiger.
taġašmara, ungerecht handeln, mit Gerechtigkeit verfahren.
ġâḍin, dunkel, hell (v. d. Nacht).
ġafara, gesuden (v. einer Krankheit), Rückfall erleiden.
muġallabun, oft besiegt, siegreich.
ġamida, wasserreich, wasserarm sein (v. Brunnen).
aġâra, d. Feind überfallen, d. Stamm vertheidigen.
fâdirun, alter, junger Bock.
afraḥa, erheitern, bekümmern.
farsachun, Zwischenraum, ohne Zwischenraum.
fâriḍun, eine nicht kranke, eine kranke Kuh.
tafârata und afraṭa (um die Wette) eilen, zurückbleiben.
faraʿa, hinaufsteigen, hinabsteigen.
faraʾ, abschneiden, um einen Gegenstand zurecht zu machen, oder um ihn zu vernichten.
fazaʿa, helfen, um Hilfe bitten.
afzaʿa, Furcht einflössen, Furcht verscheuchen.
tafakkaha, die Frucht essen, sich derselben enthalten.
falaḏa, reichlich und freigebig geben, einmal geben.
fâda (med. u und i), schwinden, dauern (v. Reichthum).

fâza (med. u), sich retten, umkommen.
fauzun, Rettung, Untergang.
mafâzatun, Entkommen, Wüste als Ort des Untergangs.
fauqu, oberhalb, unterhalb.
qittun, Gegner, Genosse.
aqḏaʾ und *qaḏḏaʾ*, Splitter in's Auge werfen, denselben aus dem Auge ziehen.
qarʾun, Menstruation, Reinheit.
aqraʾa, an der Menstruation leiden, von ihr frei sein.
qurḥânun, nie von Blattern befallen, beulig (v. Knaben).
qarraḍa, den Genossen loben, tadeln.
qarraẓa, Jemanden bei Lebzeiten loben, tadeln.
aqraʿa, gehorchen, sich widersetzen.
qasaṭa, vom Rechten abweichen, mit Gerechtigkeit verfahren.
qašîbun, neu, abgenutzt.
qaṣura, theuer sein, billig sein.
istaqṣaʾ, abkürzen, ohne Auslassung bis zu Ende führen (von Erzählung).
qaʿaṯa, geizig, freigebig sein.
qaʿada, sitzen, stehen.
quʿdudun, der mit dem Stammvater am nächsten, am am fernsten verwandt ist.
qaʿanun, unförmige Kürze der Nase, Höhe der Nase (eine Schönheit bei den Arabern).
qifwatun, angenehme, unangenehme Sache.
qullatun, grosses Wassergefäss, kleiner Wasserkrug.

qalaṣa, steigen (v. Wasser), zurückweichen, fallen (von Schatten).

qamaʿun, abschüssig, aufsteigend.

aqhama, Abscheu vor einer Speise haben, Verlangen nach ihr haben.

qâba (med. u), fliehen, nahe sein.

iqwârra, schlank sein, fett sein.

qâwama, auf Jem. Seite stehen, ihm gegenüberstehen.

aqâma, an einem Orte verweilen, ihn verlassen.

aqwaʾ, reich, arm sein.

maqtawînun, Herr, Diener.

kaṯaḥa, sammeln, zerstreuen.

akra, sich vermehren, sich vermindern.

karijjun, schläfrig, schlafend.

akʿata, schnell weggehen, sich niedersetzen.

kallala, vorausschreiten, um anzugreifen — furchtsam zurückweichen.

kullun, das Ganze, ein Theil.

kalla, keineswegs, durchaus.

takallaḥa, eine strenge Miene haben, lächeln.

kallasa, Angriff machen, fliehen.

talaḥlaḥa, bleiben, weggehen.

laḥnun, falsche Aussprache der Wörter, das Rechte.

lamaqa, schreiben, Geschriebenes auslöschen.

matînun, stark, schwach.

maṯala, aufrecht stehen, am Boden liegen.

machnun, kurz, schlank (v. Menschen).

marrada, Jemanden krank machen, — für den Kranken sorgen, ihn pflegen.

istamarra, weitergehen, bleiben.

masîḥun, glatt, — rauhes Tuch.

masaḥa masaḥahu 'llâhu, Gott hat ihn zum Glück, zum Unglück geschaffen.

makûdun, milchreiche, milcharme Kameelin.

manînun, schwach, stark.

munnatun, Stärke, Schwäche.

nabalun, kleine Steine, grosse Steine.

nabahun, ungesucht gefundenes Ding, gesucht gef. Ding.

ang'aba, einen edlen Sohn, einen unedlen Sohn zeugen.

ming'âbun, edle Söhne, unedle Söhne gebärend.

nag'aḥatun, Freigebigkeit, Geiz.

nâg'idun, hurtig, saumselig.

nag'ida, saumselig sein, *nag'uda*, wacker sein.

nag'lun, Sohn, Erzeuger.

ang'ama, anfangen, aufhören.

naḥâḥatun, Freigebigkeit, Geiz.

naḥîḥun, freigebig, geizig.

naḥîḍun, fleischig, mager.

naḥada, mager sein, *naḥuda*, fleischig sein.

manḥûdun, mager, fleischig.

anchaba, einen furchtsamen, einen tapferen Sohn zeugen.

nichwârun, edel, schwach.

naddun, ähnlich, entgegengesetzt.

nadâ, beisammen sein, — zerstreut, fern sein.

nasala, ausfallen, hervorkommen (von der Feder).

našaḥa, trinken, aber nicht genug zur Stillung des Durstes, — sattsam trinken.

anš'ada, um Auskunft über eine verlorene Sache bitten. dieselbe ertheilen.

naṣṣala, den Pfeil der Spitze berauben, mit solcher versehen.

naḍaḥa, weniger trinken, als zur Stillung des Durstes nöthig ist, — sattsam trinken.

na'ûrun, kalten Luftzug in der Wärme, warmen Luftzug in der Kälte herbeiführend (v. Winde).

na'fun, Anhöhe, Niederung.

anfasa, mit Verlangen erfüllen, gefallen (v. einer Sache).

intafaqa, den Schlupfwinkel verlassen, in dens. hineingehen.

naqadun, kleine, grosse Schafe. Anb.

nakdâ'u, milchreiche, milcharme Kameelin.

nakira, nicht kennen, missbilligen.

naka'a, Jemandem Etwas abschlagen, geben.

namaqa, schreiben, Geschriebenes auslöschen.

nahîkun, durch Krankheit geschwächt, kräftig.

nâhilun, sich satt getrunken habend, dürstend.

nahlânu, desgleichen.

nâ'a (med. u), sich mit einer Last erheben, von ihr niedergedrückt werden.

tahağğ'ada, schlafen, wachen.

ḥadûdun, Ebene, schwieriger Bergaufstieg.
ḥalubun, Gattin, die den Gatten liebt und um ihn ist, — Gattin, die ihm abgeneigt ist und sich von ihm fern hält.
aḥmada, bleiben an einem Ort, weitergehen.
ḥannada, schmähen, Schmähungen ertragen.
aḥnafa, lachen, weinen.
hawaⁱ, hinaufsteigen, hinabsteigen. Anb.
wa'aⁱ, versprechen, drohen.
waṯaba, springen, sitzen.
auda'a, zur Aufbewahrung geben, empfangen.
warâ'un, was vorn ist, was hinten ist.
warrada, blühen, abblühen.
wirâṭun, Getrenntes vereinigen, Vereinigtes trennen.
auraqa, Blätter bekommen, reich sein, — nichts erlangen (vom Jäger u. A.).
auza'a antreiben, zurückhalten.
tawassada 'lqur'âna, sich der Lectüre des Korâns befleissigen, sie vernachlässigen. Anb.
wašalun, wenig Wasser, viel Wasser.
wa'ada und *au'ada*, versprechen, drohen.
waqîdun, schnell, langsam.
wâlaⁱ, verbinden, trennen (zwei Dinge oder Theile).
maulan, Herr, Sclave.
jadijjun, weit, eng.

Druck von August Pries in Leipzig.